AF227763

ELOGES

DE

M. HENRI GRELLAUD

ANCIEN BATONNIER DE L'ORDRE, DOYEN DE LA FACULTÉ DE DROIT,
ANCIEN MAIRE DE POITIERS, CHEVALIER DE LA LÉGION-D'HONNEUR,

ET DE

MM. JOLLY, JACQUELIN, GIRAULT

Avocats, décédés dans l'année.

DISCOURS

Prononcé à la séance solennelle de la rentrée des Conférences

PAR

CHARLES GIRAUD,

AVOCAT A LA COUR IMPÉRIALE, DOCTEUR EN DROIT,
Secrétaire de la Conférence.

POITIERS,
IMPRIMERIE DE A. DUPRÉ
RUE DE LA MAIRIE, 10

1868

ELOGES

DE

M. HENRI GRELLAUD

ANCIEN BATONNIER DE L'ORDRE, DOYEN DE LA FACULTÉ DE DROIT,
ANCIEN MAIRE DE POITIERS, CHEVALIER DE LA LÉGION-D'HONNEUR,

ET DE

MM. JOLLY, JACQUELIN, GIRAULT

Avocats, décédés dans l'année.

DISCOURS

Prononcé à la séance solennelle de la rentrée des Conférences

PAR

CHARLES GIRAUD,

AVOCAT A LA COUR IMPÉRIALE, DOCTEUR EN DROIT,
Secrétaire de la Conférence.

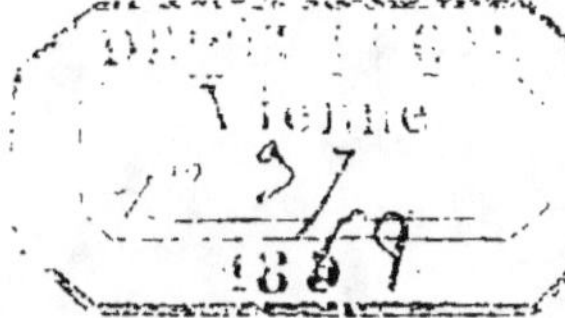

POITIERS,
IMPRIMERIE DE A. DUPRÉ
RUE DE LA MAIRIE, 10

1868

L ouverture de la Conférence des avocats pour
l'année 1868 a eu lieu le samedi 25 janvier, à midi,
dans la salle d'audience de la 1re chambre de la Cour.
Me Ernoul, bâtonnier de l'ordre, présidait. Il était
assisté de Mes Calmeil, Fey, Bourbeau, Orillard, Le-
petit, Périvier, Pallu. Un grand nombre d'avocats
inscrits au tableau, Mes Calmeil fils, Michel, Paren-
teau-Dubeugnon, Faure, Piet-Lataudrie, Thézard
(Léopold), Orillard fils, Guestier, Gassan, Broussard,
Bourbeau fils, Clappier, Dupond, Normand, etc., as-
sistaient à cette séance solennelle. La barre est occupée par les avocats stagiaires.

M. le bâtonnier fait connaître que le Conseil de
l'Ordre a nommé aux fonctions de secrétaire de la
Conférence pour l'année 1868 M^{es} Ch. Giraud et Dufour d'Astafort, secrétaires sortants, Mes Roullet et
Pecolet, avocats.

M. le bâtonnier prononce un discours.

La parole est donnée ensuite à Mes Dufour d'Astafort et Ch. Giraud, pour prononcer les discours
d'usage.

ELOGES

DE

M. HENRI GRELLAUD

ET DE

MM. JOLLY, JACQUELIN, GIRAULT

Monsieur le batonnier,

Messieurs,

L'année dernière, à pareille époque, dans cette solennité traditionnelle où nous sentons se resserrer encore davantage le lien à la fois si doux et si fort qui nous unit, nous étions heureux de voir, en nous comptant, que, grâce à Dieu, l'Ordre n'avait aucune perte nouvelle à déplorer.

Aussi nos usages, d'accord avec la modestie de nos anciens, ne nous permettant de parler ici que des confrères descendus dans la tombe, celui des jeunes avocats qui accomplissait si dignement le devoir qui m'est échu aujourd'hui, nous lisait, à la place du discours d'éloges, une savante étude que nous étions doublement heureux d'entendre et d'applaudir.

Mais ce bonheur, nous devions le payer cher, et comme si ce retard dans le prélèvement de sa dîme hélas! inévitable, l'avait rendue plus cruelle, la mort est venue, cette année, avec une insatiable avidité multiplier parmi nous ses victimes. Ni la considération publique, l'affection de tous, la vénération du jeune barreau dont l'un d'eux était entouré, ni trente années de labeur dans des fonctions honorables mais pénibles dont un autre était venu se reposer dans nos rangs, ni les succès d'un brillant avocat d'assises, ni l'ardeur au travail et la science précoce d'un jeune docteur, rien n'a pu soustraire à ses atteintes quatre de nos confrères, qui sont tombés au milieu de nous.

En considérant ces quatre existences, les unes si bien remplies, les autres si brusquement interrompues que je dois retracer sous vos yeux avec les éloges qui leur sont dus, je comprends toute l'étendue, toute la difficulté d'une mission qui m'honore, mais dont s'effrayent mon inexpérience et ma faiblesse. Je prends courage cependant, soutenu par l'indulgence accoutumée de ceux qui m'entendent, et par la bienveillance dont le Conseil de l'Ordre m'a donné une preuve nouvelle en me confiant ce devoir. Je me rassure surtout en songeant que, si je reste au-dessous de ma tâche, vous n'en rendrez pas moins justice aux mérites des confrères que nous avons perdus, car, en vous rappelant leur vie que vous connaissez tous, je ne puis concevoir l'espérance d'atteindre, par les paroles qui seront dans ma bouche, la profondeur et la vivacité des sentiments qui sont dans vos cœurs.

HENRI GRELLAUD.

Messieurs,

La grande et sympathique figure de Grellaud doit vous être retracée tout entière, et, avant de vous le montrer au barreau et à l'École de droit de Poitiers, au sommet d'une double carrière vers laquelle il s'était de bonne heure senti attiré par le lien intime et puissant d'une heureuse vocation, je dois rappeler ses débuts, ses premières études, qui furent en même temps ses premiers succès.

Si l'on a dit avec raison que l'âme de l'enfant est à la fois la cire qui reçoit l'empreinte et l'airain qui la conserve, Grellaud s'est trouvé, dès son jeune âge, dans les conditions les plus favorables pour recevoir les enseignements qui devaient exercer sur sa vie une salutaire influence. Né à la Flotte, dans l'île de Ré, le 20 novembre 1798, il est resté jusqu'à l'âge de onze ans dans le sein de sa famille, où il a puisé ces premiers éléments d'éducation si profitables à l'enfant et si doux à recevoir de ceux qui sont le plus tendrement intéressés à le préparer aux travaux et aux épreuves de la vie.

Lorsqu'il fallut songer à lui donner d'autres maîtres, ne voulant encore l'éloigner d'eux, ses parents furent heureux de trouver à la Flotte même un vénérable ecclésiastique, l'abbé Nicouleau, qui consacrait son savoir et son dévoûment à l'instruction de la jeunesse. Dès ses premières études, et c'est là le privilége des natures d'élite, Grellaud a pu, par la vivacité de son intelligence, faire comprendre à sa famille, à ses maîtres et à ses condisciples quel serait, un jour, l'étendue et l'éclat de ses facultés.

L'un de ses camarades d'enfance, qui a partagé ses premières études, n'a pu, sans une vive émotion, me donner sur les jeunes années de Grellaud ces détails que je tiens de son affection ardente mais impartiale pour son vieil ami. La faculté qui dominait alors chez lui, c'était la mémoire ; avec une intelligence souple et vive qui lui permettait de saisir, aux premiers mots, les leçons du maître, il avait, pour les retenir comme pour les comprendre, une facilité prodigieuse. Le vieux maître ne restait point insensible aux succès du jeune disciple, et avec un accent de conviction que l'avenir devait si bien justifier, il disait souvent : « Grellaud sera un homme distingué ; il fera honneur au pays. »

C'est que, partout et à toute heure, la supériorité de Grellaud devait se faire jour, tout aussi bien dans la modeste classe des enfants de l'île de Ré que parmi les élèves du collége de la Rochelle, dont ensuite il est allé suivre les cours. Nous verrons qu'il en sera de même plus tard au milieu des étudiants de l'école de notariat de Fontenay, quand, en jetant les yeux sur lui, le plus jeune de tous, un autre maître répétera, à dix ans d'intervalle, avec le même accent de conviction et le même sentiment d'orgueil, la prédiction de l'abbé Nicouleau.

Au collége de la Rochelle, où il est entré en 1813, à l'âge de quinze ans, Grellaud ne devait pas démentir, en effet, les espérances qu'il avait fait concevoir. Si les rivaux étaient plus nombreux, si la lutte était plus ardente, l'émulation était aussi plus vive, et, dès son arrivée, il conquit le premier rang. Les heureuses facultés dont la nature l'avait doué se développèrent encore pendant les six années qu'il a passées dans ce collége, et, après s'y être constamment maintenu à la première place, il en est sorti, en 1819, entouré du prestige qui s'attache toujours aux brillantes études.

La période à laquelle nous arrivons maintenant fut l'une des plus brillantes de l'existence de Grellaud. Il a vingt ans à peine ; il entre dans la vie. Toutes les carrières s'ouvrent devant lui, et les succès obtenus dans ses études semblent lui en assurer l'entrée. Le barreau, dont les luttes devaient séduire sa haute et vive intelligence, aurait pu dès lors l'attirer. Ses heureuses facultés, la vivacité de son esprit, l'étendue de sa mémoire, la facilité de son élocution, semblaient être pour lui de sérieux éléments de succès ; cette carrière semblait l'attendre, comme lui paraissait fait pour elle. Il ne la choisit pas cependant tout d'abord. Doutait-il de lui-même ? Ne savait-il pas s'apprécier encore, ou bien se sentait-il guidé, par un secret pressentiment, vers une autre voie qui devait, par suite de circonstances imprévues, le conduire plus sûrement au but où l'attirait sa véritable vocation ?

Il existait alors, dans le département de la Vendée, à Fontenay-le-Comte, une école de notariat fondée depuis quelques années par un professeur habile, qui la dirigeait avec une grande distinction. Dans un temps où le notariat avait encore beaucoup à acquérir au point de vue de l'instruction spéciale qui convient à ces fonctions importantes, M. Testard avait eu une bonne et généreuse pensée en groupant autour de sa chaire, pour leur enseigner la science du droit et les devoirs de leur profession future, ces jeunes hommes qui devaient être appelés un jour à monumenter les contrats et à devenir les confidents et les dépositaires du secret des familles. Cette pensée, qui répondait si bien aux besoins de l'époque, avait été comprise, et, de divers points de la Vendée et des départements voisins, de nombreux élèves étaient venus suivre les cours de l'école de notariat de Fontenay, qui avait acquis alors une véritable importance.

Lorsque Grellaud vint, en l'année 1820, suivre aussi lui les cours de cette école, il était le plus jeune; mais il ne tarda pas à devenir le plus distingué de tous les élèves. Le professeur remarqua bientôt tout ce qu'il y avait de ressources dans cette intelligence vive et féconde que l'étude avait déjà largement développée, et le plus jeune de ses élèves lui parut le plus digne de le seconder dans l'accomplissement des devoirs du professorat, devenus trop pénibles pour son âge avancé.

Après l'avoir ainsi, pendant quelque temps, associé à son enseignement, et après avoir suivi avec une vive émotion ses premiers essais qui confirmaient son appréciation sur le talent hors ligne de son élève, M. Testard comprit qu'il pouvait désormais prendre le repos qui lui était devenu nécessaire, et remettre à Grellaud le soin de continuer son œuvre.

Grellaud a vingt ans, Messieurs; le voilà maintenant tout seul dans cette chaire si entourée; le dernier
venu, le plus jeune de tous les élèves, il prend résolûment en mains la direction de cette école, et sa supériorité est si bien reconnue, son autorité si acceptée,
qu'aucun sentiment de jalousie ni d'étonnement ne
put naître dans l'âme de ceux qui, hier encore, étaient
ses camarades : le talent s'était imposé, et tous applau-
dissaient à sa légitime élévation.

A dater de ce jour, l'école voit augmenter encore le
nombre de ses élèves, qu'attire et que charme la parole
facile et brillante du jeune professeur. Aux études pro-
fondes de la science du droit il joint l'élégance et la
grâce du langage, et les sujets les plus arides prennent
dans sa bouche une forme attrayante. Aussi les leçons
du nouveau maître étaient-elles religieusement écou-
tées, et, comme l'a dit une voix plus autorisée que la
mienne : « Son enseignement a laissé des souvenirs
» profonds parmi ceux qui l'ont recueilli, et faisait
» déjà pressentir la puissance de sa parole dans une
» chaire plus élevée (1). »

Entouré d'une jeunesse intelligente et studieuse qui
se presse autour de sa chaire, écouté à vingt ans
comme un vieux jurisconsulte, Grellaud voit alors
s'ouvrir devant lui un horizon nouveau. Il trouve dans
l'enseignement un plaisir, un charme inattendu; il
comprend, il aime la mission si belle du professeur; il

_____

(1) Discours prononcé le 24 avril 1867, dans la maison mortuaire, par
M. Bourbeau, avocat, ancien bâtonnier de l'Ordre, maire de Poitiers,
chargé du décanat de la Faculté de droit, chevalier de la Légion-d'Honneur.

ressent dans son âme la douce émotion du maître, heureux de faire pénétrer dans l'esprit de ses disciples la science qu'il a lui-même laborieusement acquise ; le goût qu'il éprouve pour l'enseignement lui révèle toute une vocation et, se sentant né pour la parole, il abandonne bientôt sa première carrière, pour tourner ses efforts vers celle du professeur et de l'avocat.

Ce n'était pas d'ailleurs sans une certaine inquiétude que l'autorité de ce temps-là voyait groupés autour du jeune professeur d'autres jeunes hommes cédant, comme lui, aux aspirations libérales qui entraînaient alors les esprits dans cette partie de la Vendée, et Grellaud dut descendre de sa chaire le jour où il n'y trouva plus toute liberté pour sa parole.

Nous sommes en 1824 ; Grellaud quitte Fontenay pour se rendre à Poitiers. Alors, comme aujourd'hui, Poitiers était une ville de science et de travail, toute fière de se maintenir à la hauteur des glorieuses traditions du passé ; Poitiers, c'était le haut enseignement de l'école allié à l'éloquence du barreau ; Poitiers, c'était Boncenne, c'était Bréchard.

Heureux de rencontrer là de tels maîtres et de pareils modèles, Grellaud, qui d'élève était devenu professeur, de professeur se fit élève. Licencié en droit en 1826, il est inscrit, peu de temps après, comme avocat stagiaire au tableau de cet Ordre qui devait un jour le placer à sa tête, et dont il a, pendant quarante années, partagé les travaux, en contribuant à sa gloire.

Reçu docteur trois années après, Grellaud ne voyait pas seulement dans ce nouveau grade un témoignage officiel du complément de ses études de droit, c'était aussi pour lui un titre nouveau, dont il avait besoin pour s'engager dans la voie du professorat, où le guidait la vocation ardente que nous avons vue se révéler à lui.

Voici cependant que de grands événements politiques semblent un instant devoir le détourner de sa route en l'entraînant, comme malgré lui, vers une autre carrière. Nommé le 7 septembre 1830 procureur du roi à Loudun, appelé, quelque temps après, aux mêmes fonctions à Bourbon-Vendée, il peut aspirer pour l'avenir aux plus hautes positions de la magistrature. Là comme à l'école et comme au barreau, les plus brillants succès lui étaient assurés, et son profond savoir, sa parole si gracieuse et si persuasive auraient, dans les hautes fonctions du ministère public, rendu son concours précieux à la justice. Mais, sans se laisser éblouir par l'honneur inattendu de soutenir, dans les débats criminels, les intérêts sacrés de la société outragée, et de faire entendre, dans les contestations civiles, la voix impartiale de la science et de la vérité, le nouveau magistrat voulut bientôt échanger ses fonctions contre le titre de suppléant provisoire à l'École de droit de Poitiers.

. Un concours allait s'ouvrir le 16 mai 1831 ; Grellaud se présente pour y prendre part et, après de brillantes épreuves, il est nommé professeur. Se souvenant, sans doute avec une profonde émotion, du jour où il avait pour la première fois abordé l'enseignement dans l'école de Fontenay, le voilà qui monte, à dix ans d'intervalle, dans la chaire enviée d'une Faculté célèbre, dont il va contribuer à maintenir la renommée.

Nous ne sortirons pas de l'école et du barreau ; nous

ne suivrons pas Grellaud dans les diverses fonctions administratives qu'il a longtemps exercées, et qui ont aussi contribué à la haute position qu'il avait acquise dans le pays. Membre du conseil municipal, membre du conseil général de la Vienne, maire de Poitiers, chevalier de la Légion-d'Honneur, doyen de la Faculté de droit, Grellaud semblait avoir obtenu toutes les satisfactions qu'un homme puisse ambitionner sur la terre.

Mais il faut toujours, hélas! que, par quelque chagrin, l'homme paye le bonheur que Dieu lui donne, et Grellaud devait éprouver des pertes cruelles. Vous avez vu ses larmes, Messieurs, quand un professeur de cette école, l'un de ses collègues qui, par l'alliance et l'affection, était devenu son fils, succombait, à trente-huit ans, dans la force de l'âge et du talent.

Ce sont là de ces coups qui mettent le cœur de l'homme à de cruelles épreuves, et s'il nous était permis de pénétrer les secrets de la nature, peut-être faudrait-il remonter jusque-là pour découvrir le germe de la longue maladie à laquelle Grellaud devait succomber.

Maintenant qu'il n'est plus, quand nous cherchons à recomposer dans nos souvenirs cette haute intelligence qui a jeté, au barreau et à l'école, un si vif éclat, nous retrouvons d'abord en lui ce don précieux de la mémoire qui s'était révélé dès son jeune âge, et qui devait puissamment seconder le travail de l'avocat et le succès de l'orateur. « *Qui sit autem oratori memoriæ* » *fructus, quanta utilitas, quanta vis, quid me atti-* » *net dicere* (1)? »

Tout en cultivant et en ornant sa mémoire, Grellaud

(1) Cicéron, *De oratore*, liv. II, 87.

n'avait jamais eu la faiblesse d'en devenir l'esclave ni la pensée malheureuse de lui confier une plaidoirie froidement préparée. Mieux que personne, il comprenait que l'avocat doit compter avec les faits imprévus des débats, avec les aspects nouveaux d'une cause qui se modifie, qui se transforme dans la lutte, et il savait que si le plaidoyer doit germer dans le cabinet, c'est à l'audience qu'il doit éclore.

Avec sa parole facile, son esprit toujours prompt à la répartie, Grellaud était, au contraire, l'homme de l'imprévu et, si j'osais dire, l'homme de la fantaisie. Nul autre aussi ne devait être plus utilement servi par sa mémoire qui, tout en lui permettant d'apprendre vite une affaire, lui prodiguait à l'audience les trésors de science et de littérature qu'elle avait si facilement amassés.

Mais, au milieu de cette abondance de moyens que lui fournissait son savoir profond, Grellaud savait, avec un jugement sûr, choisir ceux qui, plus concluants, devaient porter coup et laisser trace dans l'esprit du magistrat. Tout argument douteux ou suspect était soigneusement écarté de sa discussion qui, rapide, concise et dédaignant les longueurs inutiles, arrivait droit au but et tenait constamment en éveil l'attention de ses auditeurs.

Grellaud ne se sentait pas attiré vers les luttes de la Cour d'assises, où son éloquence aurait pu lui préparer aussi des triomphes éclatants. Il préférait les allures plus calmes des discussions civiles, où se développaient plus à l'aise son talent d'argumentation et les grâces de son intelligence, servis par une parole facile et brillante, parfois semée de traits d'esprit, mais toujours élégante et polie. Il avait, Messieurs, cette éloquence harmonieuse et douce qui émeut et qui charme, et que d'Aguesseau, dans des termes qui dépeignent Grellaud lui-même, conseille aux orateurs de son temps :

« Que les poëtes lui inspirent la noblesse de l'in-
» vention, la vivacité des images, la hardiesse de
» l'expression, et surtout ce nombre caché, cette
» secrète harmonie du discours qui, sans avoir la
» servitude et l'uniformité de la poésie, en conserve
» souvent toute la douceur et toutes les grâces. Qu'il
» joigne la politesse française au sel attique des Grecs
» et à l'urbanité des Romains (1). »

Si l'urbanité des Romains était, comme le dit Quintilien (2), une manière de s'exprimer, où le choix des termes, le tour de la phrase, la pureté de la prononciation, décèlent l'usage de la bonne compagnie et annoncent un certain fonds d'érudition acquise dans le commerce des gens instruits, celui dont le style oratoire s'était si bien modelé sur les conseils de d'Aguesseau n'a-t-il pas aussi personnifié parmi nous l'urbanité romaine?

Il y joignait cette politesse exquise, si justement nommée la politesse française, qui tempère la vivacité des luttes du barreau, et qui fait le charme des relations du monde. Et le sel attique, comme il excellait à

---

(1) D'Aguesseau, 3ᵉ discours, Des causes de la décadence de l'éloquence, prononcé en 1699.

(2) Quintilien, *Institutio oratoria*, liv. VI, chap. III.

... « URBANITAS *dicitur qua quidem significari video sermonem præ-*
» *ferentem in verbis et sono et usu proprium quemdam gustum urbis*
» *et sumptam ex conversatione doctorum tacitam eruditionem.* »

le répandre, sans jamais blesser personne, dans ses causeries et dans ses discours!

Cet homme intègre, ce savant avocat, cet orateur éloquent et gracieux, vous l'avez appelé quatre fois à remplir ces hautes fonctions qui sont aujourd'hui, comme toujours, si dignement occupées. De toutes les positions élevées auxquelles il lui a été donné d'atteindre dans sa vie, soyez assurés que celle-ci l'aura le plus honoré et le plus touché, heureux qu'il était de recueillir ainsi de la sympathie et de la confiance de ses confrères la plus belle récompense que puisse ambitionner l'avocat.

Les éminentes qualités que nous venons d'admirer dans l'orateur du barreau, nous les retrouvons dans le professeur de droit, à cette Faculté où il était bien digne d'occuper le premier rang; et c'est avec bonheur que deux générations sont venues recevoir les enseignements d'un homme qui fut un ami plutôt qu'un maître pour ses élèves. Quand la maladie à laquelle il a succombé l'a contraint d'abandonner cette École tant aimée, il a dû éprouver un douloureux déchirement dans son âme. Je l'ai vu, dans ce jour néfaste, descendre tristement de cette chaire où il ne devait plus remonter, et déjà il soutenait une lutte impossible contre le mal qui l'avait impitoyablement brisé, et qui ne lui laissait plus de forces que pour souffrir.

Ni les ressources de l'art, ni les soins dévoués de la piété filiale n'ont pu conjurer le fatal dénoûment, et l'année dernière, le 23 avril, Grellaud a rendu son âme à Dieu, dans cette ville de Poitiers que sa vie a honorée et que sa mort a plongée dans la tristesse et le deuil.

Nous avons parcouru les phases successives de cette existence si bien remplie, et partout nous avons vu Grellaud à la hauteur de tous ses devoirs. Toujours il a trouvé dans l'élévation de son intelligence et dans la bonté de son cœur les ressources sans nombre dont il avait besoin pour satisfaire à toutes les exigences de l'administration, de l'École et du barreau.

Pour compléter et pour rehausser cet éloge, qu'il me soit permis, en terminant, d'appliquer à Grellaud les paroles adressées, dans cette enceinte, à celui qui l'a si dignement remplacé dans ses hautes fonctions, par l'un des chefs éminents de cette Cour (1) :

« Aux anciens chez vous, Messieurs du barreau,
» qu'aurions-nous à dire ? Il n'y a point de conseils à
» donner où l'on ne voit que des exemples à suivre.
» Pour la jeune phalange, espoir de l'avenir, nous
» ajouterons ces simples mots : sur la trace glorieuse
» de vos guides, soyez fidèles aux inspirations de la
» conscience et de la vérité, et attachez-vous avec
» amour à ce noble état qui conduit à tous les som-
» mets de la considération publique, comme vous
» l'enseigne, avec tant d'autres choses, celui d'entre
» vos maîtres dont le savoir, l'éloquence et le dévoû-
» ment au pays natal ont résolu le problème de mener
» de front, avec un égal honneur, les devoirs du bar-
» reau, du professorat et du gouvernement de la
» cité (2) ».

---

(1) Discours sur la parole, prononcé le 3 novembre 1866, à l'audience solennelle de rentrée de la Cour impériale de Poitiers, par M. le Procureur Général Damay.

(2) M. Bourbeau.

FÉLIX JOLLY.

Messieurs,

Un autre de nos confrères , dont nous avons aussi à déplorer la perte, avait passé au milieu de vous son existence tout entière, et ceux d'entre nous qui l'ont connu, qui l'ont approché, qui l'ont aimé, pourraient vous dire bien mieux que je ne puis le faire tout ce qu'il y avait en lui de savoir, de sagacité et de droiture. Aussi sa fin prématurée a-t-elle été profondément sentie dans notre Ordre, et je n'aurai pas besoin de vous entretenir longuement de sa vie, pour faire comprendre les regrets que nous a causés sa mort.

Félix Jolly paraissait être destiné, dès sa naissance, à devenir un jour membre de notre grande famille , car son père portait la robe, et les fils se font, le plus souvent, un devoir et un honneur de suivre, dans la carrière de la justice, les traditions paternelles. Placé à la tête de l'une des plus importantes études d'avoué d'appel , M. Jolly père avait su , tant par son savoir que par son caractère, se concilier l'estime et la confiance de tous , et avec une charge qu'il avait honorée , il devait transmettre à son fils un nom qui voulait dire : travail et probité.

Dans de semblables conditions , comment le fils aurait-il hésité à suivre une carrière qui s'ouvrait si belle devant lui? comment n'aurait-il pas été fier d'y marcher sur les traces de son père ?

Pour se préparer à remplir dignement les devoirs difficiles de cette profession, après ses études au collége de Poitiers, Félix Jolly est venu suivre les cours de la Faculté de droit à l'époque même où Grellaud était appelé à y occuper une chaire.

Dans l'éminent Boncenne, qui dirigeait alors cette Faculté, Jolly ne voyait pas seulement le savant professeur, l'éloquent avocat et l'auteur renommé qui a jeté tant d'éclat sur le barreau et sur l'École, il trouvait en lui le parent et l'ami de son père, le guide bienveillant de ses études.

Sous des auspices aussi favorables, joignant d'ailleurs aux enseignements théoriques la pratique des affaires acquise dans l'étude de son père, Jolly devait bientôt avoir une profonde connaissance du droit et en même temps cette maturité précoce que développe la féconde atmosphère du palais.

Après avoir prêté le serment d'avocat et après avoir passé deux années au barreau, Jolly fut appelé à succéder à son père, alors que celui-ci voulut bien, pour se délasser des travaux du palais, apporter à l'administration, dans les fonctions de maire de Poitiers, le concours de son expérience et de son dévoûment aux intérêts publics.

Vous, Messieurs, qui l'avez vu pendant trente-quatre années se consacrer avec un zèle infatigable à l'exercice de cette laborieuse profession qui a l'honneur de partager avec la nôtre la haute mission de préparer les arrêts de la justice, vous savez tous avec quelle

sûreté de jugement, avec quels scrupules de conscience
il guidait ses clients , avec quelle science, avec quel
talent de discussion il développait les moyens d'une
bonne cause. Toujours et dans toutes les affaires, vous
l'avez trouvé à la hauteur de ses devoirs, même les plus
difficiles, et, nous faisant l'écho des hommes de son
temps, nous sommes heureux de pouvoir dire ici
qu'aucun autre n'a plus honoré une profession qui a
compté et qui compte encore aujourd'hui de si dignes
représentants.

Lorsqu'en 1860 il a quitté son office pour jouir enfin
d'un repos dont il avait besoin, il n'a pas voulu cependant se dépouiller de cette robe qu'il avait si longtemps
portée au milieu de vous , et il est venu reprendre au
barreau la place qu'il y avait occupée en sortant de
l'École. Il venait, après une longue période de travaux
et de fatigues , demander l'asile du repos; il venait
passer paisiblement au milieu de ceux qui avaient été
pour son père et pour lui des confrères et des amis ,
les dernières années d'une existence dont nous ne
devions pas prévoir alors la fin prochaine.

Étranger désormais aux luttes judiciaires auxquelles
il s'était adonné avec ardeur pendant le long exercice
de sa profession, et ne demandant au barreau que le
charme de la douce confraternité qui nous unit, il
allait souvent, loin des bruits du palais, goûter le calme
et le repos au milieu des travaux des champs.

Mais Dieu n'a pas voulu qu'il jouît longtemps de ce
bien-être qu'apportent à l'homme fatigué des labeurs
de la vie ces jours sans travail passés au sein d'une
famille étroitement unie, et après une maladie longue

et douloureuse, alors qu'il avait à peine cinquante-trois ans, il est mort au milieu de l'affliction de ses parents et de ses amis.

L'Ordre tout entier s'est associé à cette douleur, car Jolly n'avait pas besoin d'avoir pris part à nos luttes oratoires pour avoir conquis une place dans notre affection. La profession qu'il avait si activement exercée n'est-elle pas, d'ailleurs, comme la sœur de la nôtre ? Une étroite solidarité nous unit en effet ; nous avons les mêmes devoirs de conscience et de travail à remplir, et leur accomplissement nous apporte le même honneur.

Cet honneur qui s'attache à la robe noblement portée, cet honneur que son père lui avait transmis, Jolly devait aussi le léguer à sa famille comme un précieux héritage. Pouvait-il être mieux recueilli ? Chaque jour les travaux de la magistrature et de la barre mettent à l'épreuve ces nobles qualités que nous admirions dans notre confrère, comme nous les retrouvons chez les siens (1), et c'est un grand adoucissement qu'ils apportent à notre douleur, en faisant revivre au milieu de vous le souvenir de celui dont nous déplorons la mort.

(1) M. Jolly fils est substitut du procureur impérial aux Sables-d'Olonne (Vendée). M. Piet-Lataudrie, gendre de Félix Jolly, est avocat à la Cour impériale de Poitiers et docteur en droit. M. Henri Jolly, frère de M. Félix Jolly, est juge d'instruction à Poitiers et chevalier de la Légion-d'Honneur.

FÉLIX JACQUELIN.

Messieurs,

Quand la triste nouvelle de la mort de Jacquelin s'est répandue au palais, nous avons tous éprouvé un profond et douloureux sentiment de regret, en voyant sitôt brisée une existence à laquelle de longs jours et un brillant avenir semblaient être promis.

En entrant dans la vie, Jacquelin n'avait point trouvé, comme Jolly, sa route toute tracée, et le premier, le meilleur éloge que je puisse lui adresser, c'est d'avoir conquis par ses seules forces la position qu'il occupait dans notre Ordre.

Né en 1834 d'une honorable famille d'artisans, il fut assez heureux pour pouvoir, dès l'âge de neuf ans, suivre les cours du lycée. Ses études furent sérieuses et profitables, et, dans un lycée si justement renommé, il eut le glorieux avantage de recevoir chaque année les premières récompenses.

Ainsi préparé par ces travaux, arrivé d'ailleurs à un âge où il comprend mieux encore l'impérieuse nécessité de l'étude, Jacquelin vient suivre les cours de l'École, où il retrouve ses succès du lycée, et mérite, par deux fois, de figurer au nombre des lauréats de la Faculté.

A vingt ans il arrive à cette barre dont il avait fait le

but de ses efforts. En abordant notre profession, à laquelle il était heureux de consacrer sa vie, il comprend que, loin d'avoir atteint le terme de ses épreuves et de ses travaux, il a besoin, au contraire, lui qui arrive jeune et inconnu, de lutter encore et de redoubler d'efforts pour se créer une place au milieu de nous.

Mais la facilité de sa parole, l'animation qui brille dans ses discours, son aptitude particulière pour les luttes de la Cour d'assises, avaient tout d'abord attiré l'attention publique sur le jeune avocat, qui bientôt parut digne de figurer dans les grandes causes criminelles.

Une grande affaire qui avait eu le triste privilége de passionner l'opinion publique devait mettre surtout en lumière le talent de Jacquelin. C'était sur un de nos boulevards, presque dans une des rues de la ville, que, dans la nuit du 25 au 26 mai 1862, un crime d'assassinat avait été commis. Vous avez encore conservé le souvenir de la vive émotion dont il fut la cause, et comme l'a dit Jacquelin : « le matin, la cité tout » entière s'éveille sous une pénible impression (1). »

La population ouvrière, toujours plus impressionnable, attendait avec une vive impatience le jour où la voix de la justice se ferait entendre. Cette grande cause devait fournir à Jacquelin l'élément de son plus beau succès. Acceptant résolûment une responsabilité dont il mesure toute l'étendue, soutenu par une conviction profonde, et sentant s'allumer en lui ce feu sacré qui

---

(1) Jacquelin défendait le premier des trois accusés. Sa plaidoirie est reproduite dans les deux numéros des 10 et 11 décembre 1862 du *Journal de la Vienne.*

nous donne la force de supporter le poids d'une accusation redoutable, il sait trouver les accents d'une véritable éloquence. Suivant pied à pied les charges de l'accusation, groupant avec un rare bonheur les témoignages de l'audience, s'efforçant par toutes les ressources d'une discussion habile de faire apparaître le doute, Jacquelin était parvenu à produire une profonde impression sur tous les esprits.

Cette brillante plaidoirie, couronnée par un acquittement, devait rehausser le nom de Jacquelin et consacrer un talent dont étaient fiers, à bon droit, comme d'une gloire populaire, ceux au milieu desquels il était né. Aussi une clientèle plus nombreuse venait-elle désormais demander l'appui d'un avocat qui répondait toujours par l'ardeur de sa défense à la confiance qu'on lui témoignait.

Il se consacrait, en effet, avec un dévoûment sans borne aux intérêts de ceux qui mettaient leur sort entre ses mains, et peut-être trouverons-nous dans ce dévoûment même la cause première du mal auquel il devait succomber.

Vous vous souvenez de l'affaire où, pour la dernière fois, sa voix devait se faire entendre. Il avait généreusement consacré toutes ses forces et toute son ardeur pour tenter de sauver la tête d'un homme qui n'a pas paru digne de pitié (1); mais il ne croit pas avoir fait assez encore pour l'entier accomplissement de sa tâche, et, après avoir vainement sollicité pour l'accusé l'indul-

---

(1) Affaire Beaugeard, condamné à mort en 1867 par la Cour d'assises de la Vienne, pour meurtre et viol, et exécuté à Châtellerault.

gence du jury, il veut aller implorer pour le condamné la clémence de l'Empereur.

Ce grand et noble dévoûment devait être le dernier fait d'une vie dont il a peut-être rapproché le terme. Revenu triste et brisé d'un voyage sans succès, se faisant un pieux devoir d'assister jusqu'à la dernière heure celui qui allait bientôt expier son crime, Jacquelin n'avait pu supporter ces fatigues et ces émotions sans éprouver dans sa santé une altération profonde et mortelle.

Il est mort le 24 avril 1867, à l'âge de trente-trois ans, laissant le deuil et le vide dans sa maison, et parmi nous les regrets et le souvenir de son trop court passage à cette barre.

Jacquelin n'était pas seulement orateur, et pour se délasser des fatigues d'une profession pénible, pour dissiper peut-être les soucis de l'existence, il abandonnait aussi quelquefois son âme aux inspirations de la poésie. En parcourant ces pages où sont tracées, en vers faciles et sans apprêt, les joies et les tristesses de sa vie, nous n'avons pu lire sans une profonde émotion les pensées, les pressentiments peut-être que la mort lui a inspirés. Qui nous dira si c'est l'homme ou le poëte qui parle ? L'homme, à l'approche du terme fatal, était-il éclairé par l'une de ces prévisions qui semblent, à certaines heures de la vie, nous dévoiler l'avenir, ou bien le poëte s'était-il abandonné, au risque de tenter le destin, à la tristesse de sa fantaisie ?

Sur la Mort.

Quelques printemps à peine ont passé sur ma tête,
Et cependant la mort va bientôt me saisir.
Adieu travail, amour, plaisirs, beaux jours de fête !
Si Dieu l'ordonne, hélas ! il me faut obéir.

Oui, pour moi le soleil de ses teintes dorées,
Pour la dernière fois, colore l'horizon ;
Je ne reverrai plus ses lueurs empourprées
Par degrés s'abaisser jusqu'au fond du vallon !

. . . .

Vous ne me verrez plus errer à l'aventure,
Au bord d'un clair ruisseau chercher l'ombre et le frais,
Etendu sur la rive, écouter son murmure,
Contempler l'univers et sommeiller en paix !

. . . .

Les dernières pensées semblent s'adresser à nous-
mêmes, Messieurs, car il parle à ceux qui l'aiment :

Vous qui me chérissez, n'allez pas de ma mort
Attrister les instants par d'inutiles larmes !

. . . .

. . . .

Les derniers vœux de notre malheureux confrère
ne pouvaient pas nous condamner au silence. Ce ne
sont point d'inutiles larmes celles que vous avez versées !
Ce ne sont point d'inutiles regrets, ceux dont je me
suis fait l'interprète ! Par une pieuse désobéissance,
j'ai voulu vous rappeler la vie de celui qui n'est plus,
car il ne faut pas laisser dire qu'un de nous est tombé
si prématurément sans que sa mémoire ait reçu publi-
quement ici les témoignages qui lui sont dus.

EUGÈNE GIRAULT.

Messieurs ,

En abordant devant vous l'éloge de notre confrère
Girault, je ne puis me défendre d'une profonde émotion, que tous vous éprouverez aussi au souvenir de
cette existence si brusquement interrompue, à l'heure
où elle semblait à peine commencée. Et cependant celui
qui par son âge était, pour ainsi dire, encore un enfant,
avait acquis déjà le savoir et la maturité que donne à
l'homme l'application soutenue d'une haute intelligence à l'étude approfondie de la science du droit.

Aussi ma tâche sera facile, Messieurs , car l'éloge
que je dois faire est dans toutes les bouches, comme
l'affection pour notre jeune confrère était dans tous
nos cœurs, et vous avez d'ailleurs conservé le souvenir (1) des paroles touchantes que l'un de vous a pro-
noncées sur sa tombe, en disant à son ami le dernier
adieu.

Girault, comme Jacquelin, ne pouvait demander sa
position qu'à lui-même; mais, en lui imposant ce devoir
souvent bien difficile, Dieu lui avait en même temps
donné l'amour du travail, le courage, la persévérance

____

(1) M. Albert Bourbeau, docteur en droit, avocat à la Cour impériale
de Poitiers.

et cette foi dans l'avenir qui savent surmonter tous les obstacles.

Né en 1844, Girault, après de fortes études, arrive en 1860, avant l'âge de dix-sept ans, à l'École de droit de Poitiers, où de brillants succès devaient marquer son passage. Après avoir obtenu une première mention honorable en 1862, il est, l'année suivante, proclamé deux fois lauréat, pour le 2e prix de droit français et le 1er prix de droit romain.

Encouragé par ces succès qui lui ont fait un nom à l'École, honoré des témoignages flatteurs de ses maîtres qui sont fiers de leur élève, il entre au barreau sous leur bienveillant patronage, et il est en 1863 inscrit au tableau.

Au milieu de nous, comme à l'École, il a bientôt conquis les sympathies et l'affection de tous, et dès 1864 il reçoit du Conseil de l'Ordre, par sa nomination aux fonctions de secrétaire de la Conférence, un témoignage de confiance qui est, pardonnez-moi de vous le dire, bien honorable et bien précieux pour celui qui en est l'objet.

Mais la carrière de l'enseignement attirait secrètement à elle l'ancien lauréat de l'École de droit, et Girault eut la pensée de se préparer aux épreuves de l'agrégation. Il ne voulait pas, d'ailleurs, quitter la Faculté dont il avait recueilli les enseignements et reçu les récompenses, sans y acquérir tous les grades qu'elle pouvait lui donner. Après de brillants examens subis, comme ceux de la licence, de manière à mériter des éloges publics, il obtient, au mois de mai 1865, le diplôme de docteur en droit, que la Faculté est heureuse de décerner à l'un de ses meilleurs élèves.

Girault n'a pas encore vingt-deux ans, mais il est impatient de prendre part aux épreuves du concours, et dans celui dont il affronte les luttes, en 1866, il révèle toute la sûreté de ses appréciations, la rectitude de son jugement, et en même temps toute l'étendue, toute la solidité de ses connaissances. S'il ne peut, dès cette épreuve, voir couronner ses efforts, du moins il a l'honneur de recevoir les chaleureuses félicitations de ses juges, qui l'encouragent à persévérer dans une voie où son glorieux échec lui promet un succès assuré pour l'avenir.

C'était là le plus beau moment de l'existence de notre pauvre confrère. A cet âge où l'homme est d'ordinaire à peine dégagé des liens de l'étude, il a déjà lutté avec éclat dans les épreuves les plus difficiles qui soient réservées à la science des docteurs, et les éloges, les encouragements de ses maîtres, qui lui donnent une force nouvelle en lui faisant pressentir les bienfaits du travail, lui montrent dans un prochain avenir la position si enviée dont il a fait le but de sa vie.

Mais, hélas ! l'avenir, l'avenir prochain, ce n'était pas la réalisation de ses vœux, le couronnement de son travail ; c'était la fin prématurée d'une existence à son début, c'était la mort.

Après les belles journées du concours, les tristes jours de la maladie devaient bien vite arriver. Il portait en lui un ennemi qui ne pardonne pas ; « ce mal » funeste, qui semble avoir pris à tâche, disait notre » confrère Albert Bourbeau, de détruire les natures » les plus intelligentes et les plus laborieuses de nos

» écoles, » se développait sourdement, aggravé encore par les travaux assidus d'un malade qui ne savait pas se condamner à l'inaction.

Au moment où allait s'ouvrir, en 1867, le concours pour l'agrégation, la santé de Girault donnait déjà les plus vives inquiétudes, et sa famille voulait l'empêcher d'entreprendre un voyage dont les fatigues et les émotions pouvaient lui devenir funestes. Mais, sans écouter les conseils de la prudence, trouvant dans son courage les forces qui lui manquent, il veut partir, et, pendant les épreuves du concours, il semble même avoir, pour quelques instants, recouvré la santé. C'était cette période d'illusion qui précède la crise fatale dans les maladies de poitrine, car elles ont la cruauté de vous frapper à l'heure où revient l'espoir de la guérison.

Il est mort à Poitiers, le 29 juin 1867, à l'âge de vingt-trois ans ! Il est mort au milieu de ses livres devenus ses fidèles amis, dans les bras d'un père et d'une mère dont il était l'unique orgueil comme l'unique affection.

Cette mort prématurée est pour nous, Messieurs, un triste sujet de méditations et de regrets. Il était à peine entré dans la vie ! Il est tombé au début de sa carrière, comme le soldat à son premier combat. La mort l'a surpris au milieu de ses études, dont la Providence, dans ses mystérieux desseins, n'a pas voulu lui laisser recueillir les fruits. Et pourtant ce passage rapide d'un homme si jeune encore a laissé au milieu de nous un exemple à suivre, un enseignement à recueillir.

Pour celui que nous regrettons, la jeunesse n'était pas l'âge du repos et du plaisir ; c'était le temps où, préparé par les premières études de l'enfance, l'homme doit se consacrer avec ardeur au travail, sacrifiant les vains plaisirs au besoin d'amasser, pour son avenir, les trésors de la science.

Aussi voyez comme il s'élève rapidement dans l'estime et dans la sympathie de ceux qui l'entourent. Ni la fortune ni la naissance ne viennent pourtant à son aide, et pour tout appui, pour tout moyen d'action, il n'a que le travail ; et si Dieu lui avait permis d'atteindre, au milieu de vous, le haut degré auquel il pouvait aspirer, nous l'aurions jugé plus élevé encore, n'ayant dû son élévation qu'à lui-même.

Le travail de l'homme, en effet, est son premier honneur, et, dans le temps où nous vivons, le travail est l'arme la meilleure et la plus sûre pour conquérir sa position dans le monde.

Pour nous autres, Messieurs, il n'est pas seulement le moyen d'une légitime ambition, ni l'effort d'un moment pour atteindre un but envié, c'est un devoir impérieux de la conscience, c'est l'œuvre obligée de chaque jour, et nous sommes heureux de trouver, dans la vie de ceux qui ne sont plus, ces exemples de travail infatigable que nous donnent avec tant d'éclat ceux de nos honorés confrères qui sont aujourd'hui nos guides et nos modèles.

Poitiers. — Imp. A. DUPRÉ.